Die 4 Quadranten

Quadrant A1 (wichtig & dringend)
Aufgaben, die sich dem Quadrant A1 zuordnen lassen, müssen umgehend erledigt werden und sollten nicht aufgeschoben werden.

Quadrant B2 (wichtig & nicht dringend)
Aufgaben die dem Quadranten B2 zuzuordnen sind, beinhalten Aufgaben, die unmittelbar dann erledigt werden müssen, wenn die Aufgaben in Quadrant A1 abgeschlossen sind.

Quadrant C3 (nicht wichtig & dringend)
Aufgaben, die dem Quadranten C3 zuzuordnen sind, beinhalten Aufgaben, die (falls vorhanden), an kompetente Kollegen weitergeben werden können. Müssen aber in nächster Zeit erledigt werden.

Quadrant D4: (nicht wichtig & nicht dringend)
In diesem Quadranten können Aufgaben / Punkte notiert werden, die von keiner tragenden Rolle sind. Damit sind insbesondere Zeitfresser gemeint, die die Produktivität behindern und das Leistungspensum verlangsamen.

> *„Zwischen Wichtigem und Unwichtigem zu unterscheiden, ist das Geheimnis jeden Erfolgs."*
>
> Cyril Northcote Parkinson

IMPRESSUM
© Ji-Ja Sa-Mu Design
2019 - 1. Auflage
Alle Rechte vorbehalten
Nachdruck, auch in Auszügen, nicht gestattet
Kein Teil dieses Werkes darf ohne schriftliche Genehmigung
des Autors in irgendeiner Form reproduziert,
vervielfältigt oder verbreitet werden
Kontakt: jijasamudesign@gmail.com

| **Wichtig** | **Wichtig** |
| **nicht dringlich** | **dringlich** |

| **Weder wichtig** | **Nicht wichtig** |
| **noch dringlich** | **jedoch dringlich** |

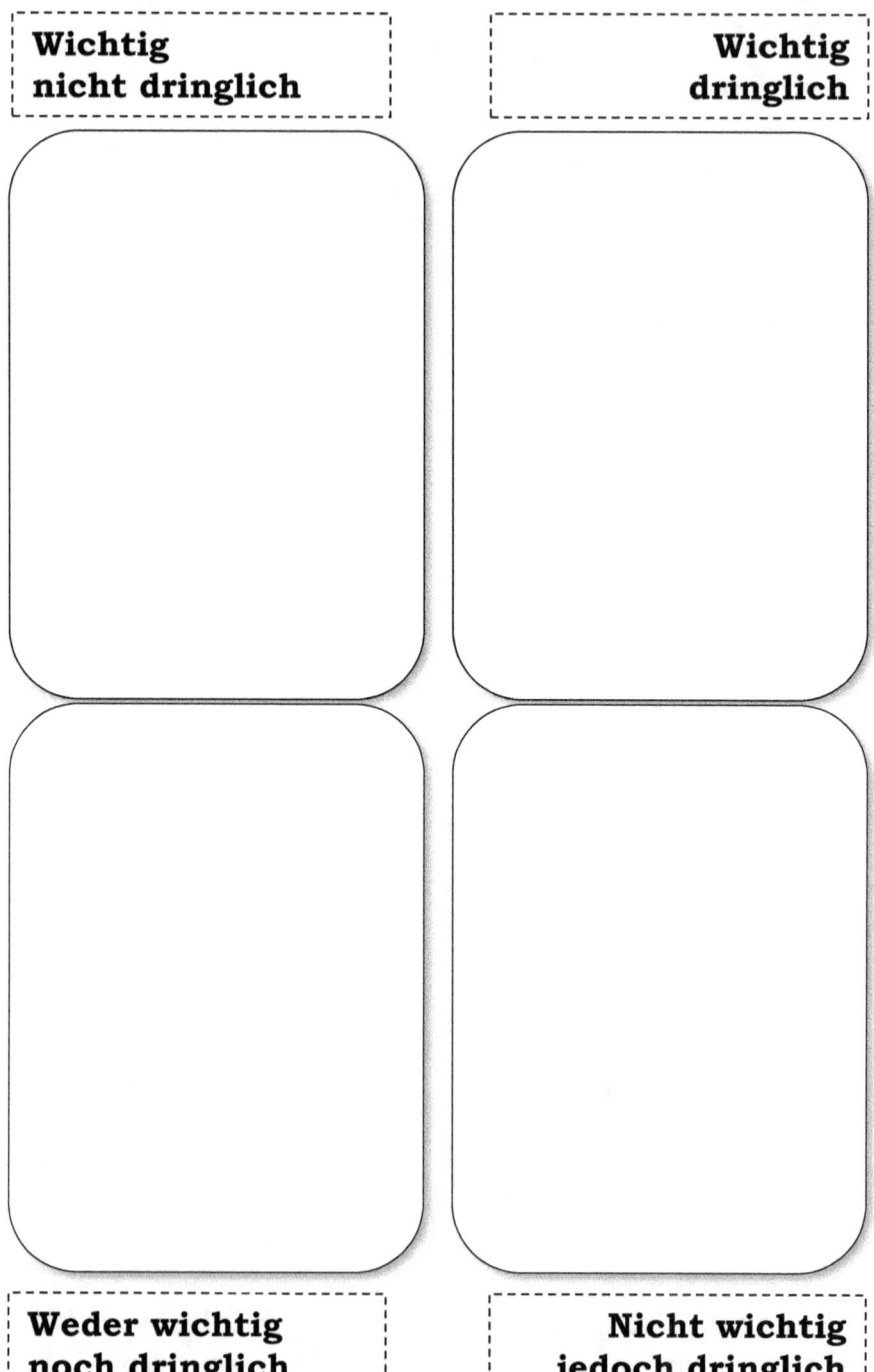

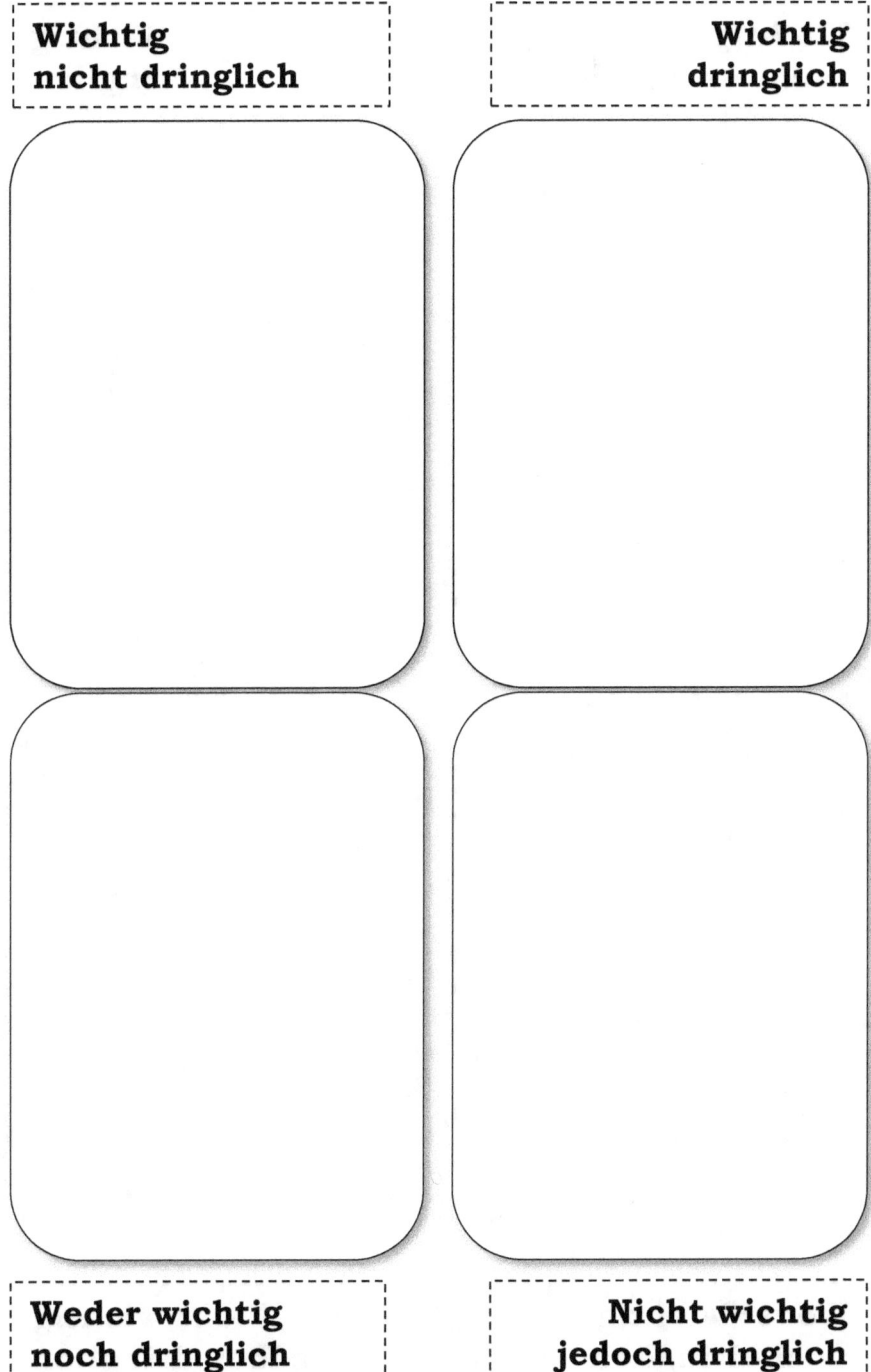

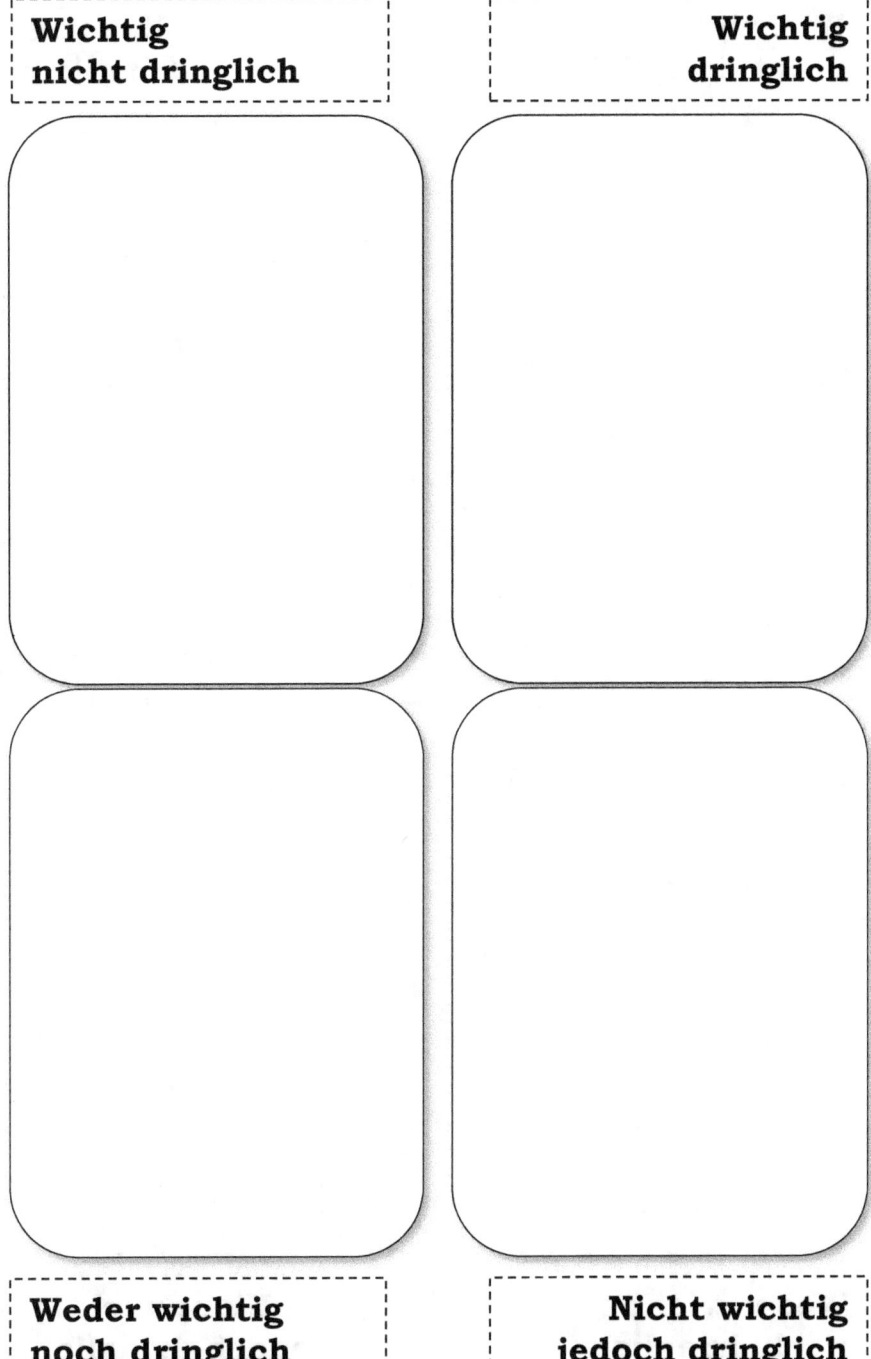

**Wichtig
nicht dringlich**

**Wichtig
dringlich**

**Weder wichtig
noch dringlich**

**Nicht wichtig
jedoch dringlich**

www.ingramcontent.com/pod-product-compliance
Lightning Source LLC
Chambersburg PA
CBHW070654220526
45466CB00001B/427